D1624241

Copyright: Lyxo förlag, 2006
Text: Jonas Rydin
Photo: Ola Ericson/Stockholmsfoto.se, Per Lindhé, Peter Lydén,
Christina Sanmark och Jonas Rydin
Cover photo: Ola Ericson/Stockholmsfoto.se
Design: Gunilla Kruse

First edition
Printed in Latvia by Preses nams
ISBN 91-976116-1-1

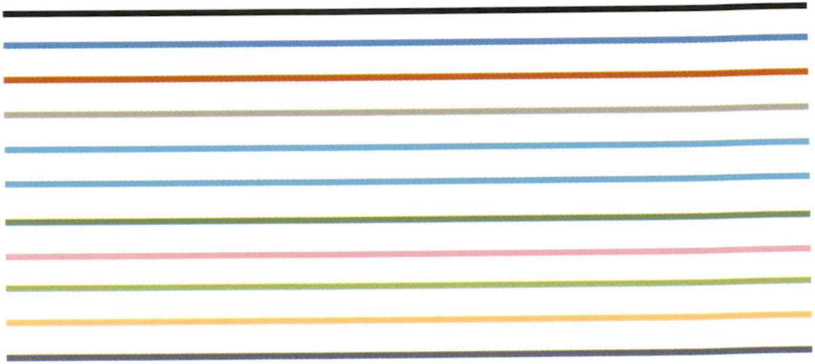

SWEDEN

Capital: Stockholm
Population: 9 million
Languages: Swedish, small Sami- and Finnish-speaking minorities.
Most people also speak English
Government type: Constitutional Monarchy, parliamentary democracy
Member of the EU since 1995

SVERIGE

Huvudstad: Stockholm
Antal invånare: 9 miljoner
Språk: Svenska, små samisk- och finskspråkiga minoriteter.
De flesta människor kan också tala engelska.
Statsskick: Konstitutionell monarki, parlamentarisk demokrati
Medlem i EU sedan 1995

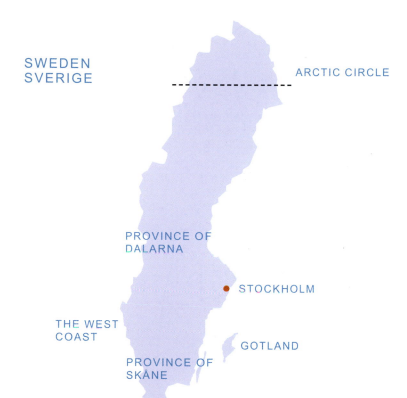

SWEDEN
SVERIGE

ARCTIC CIRCLE

PROVINCE OF
DALARNA

STOCKHOLM

THE WEST
COAST

GOTLAND

PROVINCE OF
SKÅNE

CITY OF STOCKHOLM / STOCKHOLM

CITY OF STOCKHOLM / STOCKHOLM

STOCKHOLM IS ONE OF THE WORLD´S most beautiful capital cities. Blue bays appear behind every corner and carefully maintained parks are spread out around the city. Stockholm city lies right on the border between lake Mälaren and the sea Saltsjön. The sweet water of Mälaren streams through Stockholm out into the salt billows of the Baltic Sea. The water is so clean in the city that one can take a swim in its waters. On the islands Kungsholmen and Långholmen there are even sandy beaches.

When Stockholm was built it was strategically placed for trade between the Baltic Sea and Mälaren. The name 'Stockholm' first appears in a well preserved document from 1252. The city is consequently more than 750 years old. Today Stockholm has got 1,9 million citizens and a rich selection of boutiques, museums, restaurants and bars. The city no longer feels like an outpost in the far north of Europe.

STOCKHOLM MÅSTE VARA en av världens vackraste huvudstäder. Blå fjärdar och vikar skymtar bakom varje knut och välskötta parker ligger utspridda som gröna lungor. Staden ligger i gränslandet mellan Mälaren och Saltsjön. Genom Stockholm strömmar det söta Mälarvattnet ut i Östersjöns salta böljor. Vattnet är så rent att det går att ta sig ett dopp mitt inne i stan. Vid öarna Kungsholmen och Långholmen finns till och med sandstränder.

Stockholm byggdes på en strategiskt viktig plats för handeln mellan Östersjön och Mälaren. Första gången Stockholm nämns är i ett bevarat dokument från 1252. Staden är således över 750 år gammal. Dagens Stockholm har 1,9 miljoner invånare och ett rikt utbud av butiker, museer, restauranger och barer. Staden känns inte längre som en lilleputt i Europas nordligaste utkant.

The Old Town on the island Stadsholmen forms the essence of Stockholm. During centuries the whole population lived on this island, but as the number of citizens has increased the city has successively grown miles outside the island. The street Skeppsbron is shown in the picture. In the old days the harbor was full of ships moored to take in cargo. Several shipping companies still have their offices in the buildings on the waters front.

Foto: Ola Ericson

Gamla Stan på ön Stadsholmen utgör Stockholms kärna. Under flera århundra-
den rymdes hela befolkningen på ön, men i takt med att antalet invånare har ökat
har staden successivt vuxit flera mil utanför Stadsholmen. På bilden syns gatan
Skeppsbron. Längs kajerna låg för i tiden stora skepp förtöjda för att lasta eller
lossa varor. Flera rederier har fortfarande sina kontor i fastigheterna som vetter
mot vattnet.

Foto: Ola Ericson

The Stortorget was the main square of Stockholm. Today it is full of open air cafes and restaurants. By the square lies the Nobel Museum, which gives the visitors the possibility to get acquainted with more than 700 persons, who through the years have been rewarded with the Nobel Prize.

Stortorget var förr Stockholms huvudtorg. Idag är det tätt mellan restauranger med uteserveringar. Vid torget ligger Nobelmuseet i det gamla börshuset. På museet kan besökaren bekanta sig med över 700 personer som genom tiderna har belönats med Nobelpriset.

Foto: Peter Lydén

In the Old Town the narrowest street of Stockholm is named Mårten Trotzigs Gränd and runs between Prästgatan and Västerlånggatan. It is only 90 centimeters wide at its thinnest part.

Stockholms smalaste gata heter Mårten Trotzigs gränd och löper mellan Prästgatan och Västerlånggatan i Gamla stan. Den är bara 90 centimeter bred på det smalaste stället.

Foto: Ola Ericson

The City Hall lies on the island Kungsholmen. The building was completed in 1923 and was built with a total of 8 million bricks. The biggest assembly room in the City Hall is called Blå hallen, the Blue Hall. The Nobel party takes place in this room. The tower of the city hall is open to visitors, but it is crucial not to be afraid of heights. The view is dazzling.

Stadshuset ligger på ön Kungsholmen. Byggnaden stod klar 1923 och för att uppföra den gick det åt åtta miljoner tegelstenar. Stadshusets största festsal heter Blå hallen. I den salen hålls årligen den stora nobelfesten. Stadshusets torn är öppet för besök, men det gäller att inte ha höjdskräck. Utsikten är hissnande.

Foto: Ola Ericson

From the tower of the City Hall visitors can see the island Riddarholmen below. Riddarholmen is Stockholm's smallest district and rumour has it that there are only two people resident on the island. The other buildings in the district are courts and state administration quarters. The Riddarholmen Church is one of Stockholm's oldest buildings and was erected at the end of the 13th century.

Från Stadshusets torn ser besökaren Riddarholmen från ovan. Riddarholmen är Stockholms minsta stadsdel och det sägs att det bara finns två bofasta personer på ön. I fastigheterna finns domstolar och statlig förvaltning. Riddarholmskyrkan är en av Stockholms äldsta byggnader och den byggdes i slutet av 1200-talet.

In the 17th century Sweden was a growing power in the region of the Baltic Sea. King Gustav II Adolf gave orders to build the Vasa ship, but unfortunately the ship veered over and sank on its maiden voyage 1628. The Vasa had two gun-decks with heavy artillery, which in relation to the ballast was too heavy. The ship then lied 333 years on the bottom of the sea before it was found. It was salvaged in 1961 and is the only preserved ship from the 17th century.

På 1600-talet var Sverige en växande makt-faktor i Östersjöregionen. Kung Gustav II Adolf lät bygga det stora regalskeppet Vasa, men det ville sig inte bättre än att skeppet kantrade och sjönk på sin jungfrufärd 1628. Fartyget hade två kanondäck med för tunga kanoner i förhållande till barlasten. Skeppet låg sedan 333 år på havets botten innan det återfanns. Vasa bärgades 1961 och är värl-dens enda bevarade skepp från 1600-talet.

The white full-rigged ship 'af Chapman' is moored to Skeppsholmen. She was built in 1888 in England and has sailed over all seas. In the 1930s the 'af Chapman' was completed as a cargo ship and was anchored by Skeppsholmen. Later the Swedish tourist association restored the ship and started a floating youth hostel in 1949.

Den vita fullriggaren af Chapman ligger förtöjd vid Skeppsholmen. Segelskutan byggdes i England 1888 och har seglat ute på världshaven. På slutet av 1930-talet hade af Chapman gjort sitt som handelsfartyg och ankrade upp vid Skeppsholmen. Svenska Turistföreningen rustade så småningom upp af Chapman och öppnade 1949 ett flytande vandrarhem.

The Maria Mountain rises high above Riddarfjärden and Slussen, where the houses cling tightly on to the steep mountainsides.

Mariaberget reser sig högt upp ovanför Riddarfjärden och Slussen. Husen klänger sig fast på branterna.

The Åsö Mountain is the name of an area in Södermalm in Stockholm, where preserved traditional wooden houses can be found. The picture shows small wooden red houses on the Lotsgatan. One can imagine the fuss and quarrelling between families as they jostled about in these cottages.

Åsöberget heter ett område på Södermalm. Här finns traditionella träkåkar bevarade. Bilden visar små röda trähus på Lotsgatan. Man kan förställa sig vilket liv och kiv det var här när mindre bemedlade barnfamiljer trängdes i stugorna.

Foto: Peter Lydén

Gröna Lund is Stockholm's amusement park and is located on the island Djurgården. It has roller coasters, ghost trains, merry go rounds and everything else, which is typical of an amusement park. The citizens of Stockholm have always gone to Djurgården for amusement or relaxation in its green areas.

Stockholms nöjesfält heter Gröna lund och ligger på ön Djurgården. Här finns berg- och dalbanor, spöktåg, karuseller och allt som hör ett nöjesfält till. Till Djurgården har stockholmarna genom alla tider kommit för att roa sig eller för att koppla av i grönområdena.

Foto: Ola Ericson

From the inner district of Stockholm passenger boats sets of into the archipelago. The archipelago of Stockholm is unique with its 24 000 rocky islets. Close to the coast the islands are green and wooded, but in the outer archipelago the cliffs are bare and smooth as a result of the waves.

Från Stockholms innerstad avgår passagerarbåtar mot skärgården. Stockholms skärgård är helt unik med sina 24 000 kobbar och skär. Nära fastlandet är öarna gröna och lummiga, men i ytterskärgården är klipporna kala och slätslipade av havets vågor.

One of the most popular resorts in the archipelago is Sandhamn. The narrow and crooked allies hold old pilothouses, summer amusements and fishing sheds. Boating people often stroll around the harbor and the highlight of the year is the starting point for the sailing-race around Gotland, at which time the harbour is bursting with activity.

Ett av de populäraste utflyktsmålen i skärgården är Sandhamn. Runt smala och krokiga gränder trängs gamla lotsbostäder, sommarnöjen och fiskebodar. I hamnen flanerar seglarfolket och årets höjdpunkt är starten på kappseglingen Gotland runt. Då är gästhamnen full till sin bristningsgräns.

Foto: Ola Ericson

By the entrance to Sandhamn lies this yellow cottage, placed on a small islet. Not an option for one who likes long evening walks.

Vid inloppet till Sandhamn ligger den här gula stugan på en liten kobbe. Inget för den som gillar långa kvällspromenader.

ROYAL SWEDEN/
KUNGLIGA SVERIGE

ROYAL SWEDEN/
KUNGLIGA SVERIGE

SWEDEN IS A CONSTITUTIONAL monarchy and at present the head of state is King Carl XVI Gustaf. He ascended to the throne 1973 and is the 74th King in the monarchical line. The Kings' role, as head of state is limited to official and ceremonial functions, however he is still a strong figure of Sweden.
In the region Mälardalen there are ten royal castles all different sizes and built in various styles. The castles are open to visitors. The King and his family live in the Drottningholm Palace, directly west of Stockholm.

SVERIGES NUVARANDE KUNG är Carl XVI Gustaf. Han tillträdde tronen 1973 och han är den 74:e i ordningen. Sverige är en konstitutionell monarki. Det innebär att kungens roll som statschef främst är ceremoniell och att hans befogenheter är begränsade. Men som en symbol för Sverige är kungen fortfarande stark.
I Mälardalen finns inte mindre än tio kungliga slott i olika storlekar och skiftade stilar. Slotten är öppna för allmänheten att besöka. Kungen och hans familj bor på Drottningholms slott strax väster om Stockholm.

Foto: Ola Ericson

The Royal Palace was finished 1754, is built in a baroque style and based on the blueprints of architect Nicodemus Tessin the younger. The castle has 600 rooms spread out on its seven floors. Beneath the castle in the cellar vaults is the museum The Royal Armory. In this museum visitors can learn almost everything about Sweden's royal history where they can see armours, weapons and gilded carriages.

Kungliga slottet stod färdigt 1754 och är byggt i barockstil efter ritningar av arkitekten Nicodemus Tessin d.y. Slottet har inte mindre än 600 rum fördelade på sju våningsplan. Under slottet i källarvalven ligger museet Livrustkammaren. Här kan besökaren lära sig det mesta om Sveriges kungliga historia och beskåda rustningar, vapen och förgyllda vagnar.

Foto: Ola Ericson

The Drottningholm Palace is placed on Lovön in Mälaren. The King and his family chose to move to the Palace in 1981. The south part of the palace is the private residence of the Royal Family, but the majority of the Palace and the park grounds are open to visitors all year. The Drottningholm Palace is on UNESCO's world heritage list and is maintained for future generations.

Drottningholms slott ligger på Lovön i Mälaren. Kungen och hans familj valde 1981 att flytta sin bostad hit. Slottets södra del är kungens privata, men till största del är slottet och parkanläggningen öppet för besök året runt. Drottningholm finns med på UNESCO:s världsarvslista över platser att bevara för kommande generationer.

Foto: Ola Ericson

The Chinese Pavilion is placed in the majestic grounds of Drottningholm. King Adolf Fredrik surprised Queen Lovisa Ulrika on her birthday in 1753 with a small Chinese pleasure palace. Today in the pavilions old kitchen there is a café, which serves delicious waffles.

Kina slott ligger i Drottningholmparken. Kung Adolf Fredrik överraskade drottning Ulrika Lovisa med ett litet kinesiskt lustslott i present på hennes födelsedag 1753. I slottets gamla kök finns ett café som serverar utsökta våfflor.

Foto: Ola Ericson

King Carl XVI Gustaf is married to Queen Silvia and they have three children together: Crown Princess Victoria, Princess Madeleine and Prince Carl Philip. Ever since 1980 the oldest child inherits the crown; no matter if they are male of female. Victoria, who is the oldest, one day, will become the sovereign of Sweden.

Carl XVI Gustaf är gift med drottning Silvia och de har tillsammans barnen kronprinsessan Victoria, prinsessan Madeleine och prins Carl Philip. I Sverige ärver sedan 1980 det äldsta barnet kronan, vare sig det är man eller kvinna. Victoria, som är äldst, kommer en dag att bli Sveriges regent.

The king receives flowers from a little boy on his birthday.

Kungen tar emot blommor av en liten pojke på sin födelsedag.

The Royal Guards are stationed, in all weathers, by the Royal Palace. In winter it is not unusual for the temperature to creep down to -10ºC, and it is therefore important that the right outfit is worn!

Vid Kungliga Slottet vakar högvakten i ur och skur. På vintern är det inte ovanligt att temperaturen kryper ner mot 10 minusgrader och då gäller det att ha varmt om fötterna.

Foto: Ola Ericson

The changing of the Royal Guard takes place in the outer courtyard and is a huge tourist attraction. During the summer parades of guards and music corps, march through the city.

Högvaktsavlösningen på borggården är en stor publikattraktion. Under sommarhalvåret går vaktparader med musikkårer genom stadens gator med riktning mot slottet.

HOLIDAYS / HÖGTIDER

HOLIDAYS / HÖGTIDER

NOT SO LONG AGO the majority of Swedes lived in the countryside; customs and traditions from the peasant society still exist. A great deal of holiday time is strongly based on the shifting of the seasons.

DET VAR INTE LÄNGE SEDAN majoriteten av svenskarna bodde på landet och seder och bruk från bondesamhället lever kvar än. Många av högtiderna är starkt knutna till årstidernas växlingar.

Foto: Ola Ericson

Foto: Peter Lydén

The celebration of midsummer can be traced back a long way. The Swedes then raise the Maypole, decorate it in leaves and flowers, and then the traditional ring-dances and songs ensue. The tables are laid out with herring and fresh potatoes and are enjoyed and shared together with snaps. The festivity goes on long into the bright Summer night.

Att fira midsommar har gamla anor. Då reser svenskarna midsommarstänger klädda med blad och blommor. Runt midsommarstången dansar man ringdans och sjunger traditionella visor. På matborden står sill och färskpotatis, som med fördel sköljs ner med snaps. Festligheterna pågår långt in på den ljusa sommarnatten.

Bonfires are lit at the last of April around the country to celebrate the arrival of spring. Songs with titles like "Sweet May Welcome" and "The winter raged away" are sung by the fires. The long and cold winter is over and that must be celebrated! A lot of Swedes tidy up their gardens and burn leaves, branches and old wood at this time.

Den sista april tänds Valborgseldar runt om i landet för att fira vårens ankomst. Sånger med titlar som "Sköna maj välkommen" och "Vintern rasat ut" sjungs för full hals vid brasorna. Den långa och kalla vintern är slut och det ska firas. Många passar på att vårstäda i trädgårdarna och eldar upp gamla löv, grenar och brädstumpar.

When the winter is very dark, St. Lucia arrives and lights up the night with candles and song. In the morning of St. Lucia, which is on the 13th of December, the children get to drink hot chocolate and eat Lucia buns and gingerbread biscuits.

När vintern är som allra mörkast kommer Lucia tidigt på morgonen och lyser upp med tända stearinljus och sång. På Lucia-morgonen, som infaller den 13 december, får barnen dricka varm choklad och äta saffransbullar och pepparkakor.

Foto: Peter Lyden

One genuine Swedish tradition is the crayfish parties. The table is laid with lots of crayfish cooked with dill, accompanied with cheese, toasted bread, beer and of course snaps! Crayfish parties are traditionally held in August. This is due to the fact that up until 1994 it wasn't legal to fish for crayfish before August.

En riktigt svensk tradition är kräftskivan. På bordet står ett berg av kräftor kokta med dill uppdukat. Till kräftorna serveras ost, rostat bröd, öl och icke att förglömma - snaps. Kräftskivor hålls traditionellt i augusti. Fram till 1994 var det nämligen inte lovligt att fiska kräftor förrän just i augusti.

Foto: Ola Ericson

The 6th of June is a Swedish National Holiday and has been ever since 2005, nobody works on this day. At the outdoor museum Skansen in Stockholm people gather to celebrate the National Holiday together with King Carl XVI Gustaf.

Den 6 juni infaller Sveriges nationaldag och sedan 2005 räknas dagen som helgdag och alla är lediga. På friluftsmuseet Skansen i Stockholm kan den som vill fira nationaldagen tillsammans med kungen.

THE ISLAND IN THE BALTIC SEA /
ÖN MITT I ÖSTERSJÖN

THE ISLAND IN THE BALTIC SEA /
ÖN MITT I ÖSTERSJÖN

IN THE MIDDLE OF THE BALTIC SEA LIES the island of Gotland. The island separates itself from the rest of Sweden with its barren, open landscape and mild climate. The main city is Visby, which had its days of glory between 1100 and 1350. Back then the city was a hub of trade in the Baltic Sea and a member of the great trading organisation, the Hanseatic league. The long city wall and magnificent church ruins are carefully preservered for future generations to enjoy. Visby is part of UNESCO's world heritage list.

MITT UTE I ÖSTERSJÖN LIGGER GOTLAND. Ön skiljer sig från övriga Sverige med sitt karga öppna landskap och milda maritima klimat. Huvudorten heter Visby och staden hade sin storhetstid mellan 1100- och 1350-talet. Då var staden ett nav i handeln på Östersjön och medlem i den mäktiga handelsorganisationen Hansan. En lång ringmur, packhus och ståtliga kyrkoruiner finns bevarade för eftervärlden. Visby finns med på UNESCO:s världsarvslista.

Foto: Jonas Rydin

In Visby there are many buildings left from days gone by when tradesmen from far and near settled down in the city and built big warehouses, crowned with stepped gables. The old pharmacy on Strandgatan is a well preserved and splendid example of such architecture. The house was built during the 13th century. In the backdrop the Cathedral Saint Maria raises. The Cathedral was built during the 12th century and was finished for inauguration in 1225. Saint Maria was a congregational Cathedral for the German tradesmen.

I Visby finns många byggnader kvar från fornstora dagar då köpmän från när och fjärran slog sig ner i staden och byggde stora varumagasin, krönta med trappgavlar. Gamla apoteket på Strandgatan är ett välbevarat och praktfullt exempel. Huset byggdes på 1200-talet.
I bakgrunden syns domkyrkan S:ta Maria. Kyrkan uppfördes under 1100-talet och stod klar för invigning 1225. S:ta Maria var de tyska köpmännens församlingskyrka.

The dominating city wall surrounding Visby is the only preserved town wall in the Nordic countries. The wall was built in two stages the first completed part faces the sea, and was erected in the late 13th century. The second section of wall was built facing the land; together the two parts amount to 3440 metres in length. The efficient defence was not merely a protection against hostile, foreign powers but also acted as a tax boundry, which the people of the countryside had to pay in order to get into the city and sell their goods.

Foto: Jonas Rydin

Visbys mäktiga ringmur är den enda bevarade stadsmuren i Norden. Muren byggdes i etapper och den första delen som stod klar var sjömuren. Den blev färdig någon gång under senare delen av 1200-talet. Därefter byggdes landmuren som tillsammans med sjömuren blev 3440 meter lång. Den effektiva försvarsanläggningen skyddade inte enbart stadens medborgare mot krigiskt sinnade makter. Muren fungerade också som tullmur. Befolkningen på landsbygden tvingades att betala tull för att få komma in i staden för att sälja sina varor.

Foto: Jonas Rydin

Up on the klint, above the Cathedral, there is an idyllic setting of many small houses along the streets. The district was built during the 18th and 19th centuries. Many poor families moved here and had to live in crowded cabins. Today the Klint is one of the most fashionable districts in Visby. The mild climate makes the roses blossom even into the fall.

Uppe på klinten, ovanför domkyrkan, är de flesta husen små och gatubilden ger ett idylliskt intryck. Stadsdelen byggdes under 1700- och 1800-talen. Hit flyttade fattiga familjer som inte hade något annat val än att tränga ihop sig i en liten stuga. Idag hör klinten till ett av de mer fashionabla områdena i Visby. De milda klimaten gör så att rosorna kan blomma långt in på hösten.

Foto: Peter Lydén

The island Fårö lies to the North of Gotland and can be quickly reached by ferry. On Fårö there are big rauk fields in the area of Langhammars. The ocean waters have created the rauks and wind has eroded the softer rocks.

Norr om Gotland ligger Fårö. Med en bilfärja når man snabbt ön. På Fårö finns det stora raukfältet Langhammars. Raukarna har uppstått när hav och vind har eroderat bort mjukare berg.

Foto: Peter Lydén

Foto: Jonas Rydin

More than 92 churches dating back to the Middle Ages can be found on Gotland. Every little village wanted to show their wealth by building their own church. In Visby alone there were 16 chapels, parish churches, monasteries and a castle church. Today, inside the wall there is only the main Cathedral left, but 13 impressive ruins are still visible.

På Gotland finns inte mindre än 92 medeltida kyrkor i bruk. Varje liten socken ville en gång i tiden visa att den hade råd att bygga en egen. Enbart i Visby fanns det under medeltiden 16 kyrkor i form av kapell, församlingskyrkor, kloster och en slottskyrka. Innanför ringmuren är idag bara domkyrkan kvar, men 13 ståtliga ruiner att beskåda.

THE MIDDLE OF SWEDEN / MITT I SVERIGE

THE MIDDLE OF SWEDEN / MITT I SVERIGE

DALARNA IS LOCATED IN THE middle of Sweden; it is difficult to find a more Swedish province. Mountains and huge extensive pine forests dominate the western part. In winter skiers gather in villages like Idre and Sälen. All year round tourists travel to the picturesque neighborhoods around the lake Siljan. Culture has a central place in the province of Dalarna ; handicraft and folk music are highly rated. The people in Dalarna are proud of their customs.

DALARNA LIGGER MITT I SVERIGE och ett mer svenskt landskap är svårt att hitta. Den västra delen domineras av fjäll och stora vidsträckta barrskogar. På vintern flockas skidåkare i orter som Idre och Sälen. Till de pittoreska orterna med traditionell bebyggelse runt Siljan söker sig turister hela året runt. I Dalarna intar kulturen en central plats och såväl hantverk som folkmusik står högt i kurs. Dalmasarna håller på sina seder och bruk.

Foto: Jonas Rydin

The Dalahäst is one of the most well known symbols of Sweden. Today the colourful wooden horses are manufactured mostly in Nusnäs outside Mora. The world's biggest Dalahäst stands on the roadside just outside Avesta. It is 13 metres high and weighs 66,7 tons.

Dalahästen är en av de mest kända svenska symbolerna. Idag tillverkas de färgglada trähästarna främst i Nusnäs utanför Mora. Världens största dalahäst står vid vägen utanför Avesta. Den är hela 13 meter hög och väger 66,7 ton.

Foto: Jonas Rydin

Folk music is a strong tradition in Dalarna and is carried through generations. The picture shows a folk musician preparing to play for a Maypole dance in Siljansnäs.

Spelmanstraditionen är stark i Dalarna och folkmusiken förs vidare från generation till generation. På bilden syns en spelman som stämmer upp till dans runt midsommarstången i Siljansnäs.

Foto: Jonas Rydin

This Church of Rättvik dates back to the 13th century. The present exterior is from 1793. Around the church there are small sheds, which were used as stables for the horses when the assemblies attended the church service. The oldest church stable is from 1470.

Rättviks kyrka har anor från 1200-talet. Kyrkans nuvarande exteriör är från 1793. Runt kyrkan ligger små bodar. De användes som stall åt hästarna när församlingsborna gick på gudstjänst. Det äldsta kyrkstallet är från 1470-talet.

One of the most well known land marks in Mora is the red Church Bell from 1673. The copper roof was added later, in 1887.

Ett av de mest kända landmärkena i Mora är den faluröda klockstapeln från 1673. Koppartaket är av senare datum. Taket lades 1887.

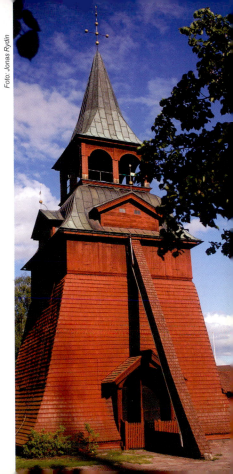

An old shed on the slopes down towards lake Siljan in Tällberg.

Ett gammalt härbre står på sluttningarna ner mot Siljan i Tällberg.

Ever since 1939, midsummer has been celebrated in Sammilsdal, Leksand. Every year thousands of people gather here to listen to folk music and erect the Maypole.

Allt sedan 1939 har det firats midsommar i Sammilsdal i Leksand. Varje år samlas här flera tusen personer för att se majstången resas och lyssna på musik.

Foto: Jonas Rydin

Foto: Peter Lydén

The king of the forest, the elk, roams out in the forests. Along the roads in Sweden there are numerous traffic signs warning for the gigantic animal. A male bull weighs around 500 kilos, something one wants to avoid crashing into when driving a car.

Foto: Peter Lydén

Skogens konung, älgen, strövar runt i skogarna. På många platser finns vägskyltar som varnar för älg. En älgtjur väger runt ett halvt ton och det är inget man vill krocka med i 90 kilometer i timmen.

The wilderness of Dalarna province is home to an abundant wildlife. You can spot wolf, bear, lynx, wolverine and golden eagle.

I Dalarnas vidsträckta vildmarker är djurlivet rikt, liksom i resten av Sverige. Det finns varg, björn, lodjur, järv och kungsörn ute i markerna.

Foto: Peter Lydén

THE FRUITFUL SOUTH /
BÖRDIGA SÖDERN

THE FRUITFUL SOUTH / BÖRDIGA SÖDERN

IN THE MOST SOUTHERLY PART of Sweden lays the province of Skåne; with its mild climate and fruitful soils, it has earned the epithet 'The Barley Shed'. Potatoes, sugar beet, carrots, beetroots, rape and apples are grown here. From the air the landscape looks like a yellow and green patchwork quilt.
In the west it is only the sound Öresund that separates Skåne from Denmark. Skåne belonged to Denmark for a long period of time. After the declaration of peace in Roskilde, 1658, Skåne became Swedish. In Skåne a distinctive dialect is spoken. The dialect has a certain melody and is pronounced in a way similar to that of the Danish language.

LÄNGST NER I SÖDER LIGGER landskapet Skåne. Med sitt milda klimat och bördiga jordar har Skåne fått epitetet Sveriges kornbod. Här odlas potatis, socker-betor, morötter, rödbetor, raps och äpplen. Från luften ser det platta landskapet ut som ett lapptäcke i gult och grönt.
I väster är det bara Öresund som skiljer Skåne från Danmark. Genom århundrade-na har Skåne under långa tider varit danskt. Först efter freden i Roskilde 1658 kom Skåne att bli svenskt. I Skåne talas den utpräglade dialekten skånska. Dialekten har en satsmelodi och ett uttal som har en hel del likheter med danskan.

Foto: Ola Ericson

Rolling fields are typical for the landscape of Skåne. The picture is taken in Löderup in south east of Skåne.

Sädesfält som står och böljar för vinden är en vanlig syn i Skåne. Bilden är tagen i Löderup i sydöstra Skåne.

Foto: Ola Ericson

There are many long sandy beaches in Skåne. The area is surrounded by water in the west, south and east.

I Skåne är sandstränderna många och långa. Landskapet är omgivet av vatten i väster, söder och öster.

Summer greenery in Hagestads nature reserve in the south west of Skåne.

Sommargrönska i Hagestads naturreservat i sydvästra Skåne.

Drakamöllan, on Österlen, is a halftimbered wooden farmhouse, with a reed roof. The farm dates back to the 17th century, and has been extended over the centuries. On Drakamöllan there is a farm hotel and around the farm is heathland where horses graze.

Drakamöllan, på Österlen, är en skånegård med korsvirke och vasstak. Gården har anor från 1600-talet, men har byggts till under århundradena. På Drakamöllan finns ett gårdshotell. Runt gården ligger hedar där hästar betar.

Foto: Ola Ericson

Cows are grazing the luxuriant grass in front of Hörups Church on Österlen.

Kor betar av det frodiga gräset framför Hörups kyrka i Österlen.

Foto: Jonas Rydin

The Öresund Bridge was opened during the summer of 2000 and it connects Skåne with the Copenhagen region in Denmark. Skåne and Copenhagen are connected by 8 kilometres of bridge, a 4 kilometre artificial island and a 3,5 kilometre long tunnel. The bridge has integrated the realestate and employment market on both sides of Öresund.

Sommaren 2000 öppnades Öresundsbron som sammanbinder Skåne med Köpenhamnregionen. Förbindelsen består av 8 kilometer bro, 4 kilometer konstgjord ö och 3,5 kilometer tunnel. Bron har integrerat bostads- och arbetsmarknaderna på ömse sidor av Öresund.

Around Kivik on Österlen, apple farms are common. Apples of the finest variety like Aroma, Cox Orange, Signe Tillisch and Discovery are grown here. The coastal climate is ideal for apple farming.

Runt Kivik, på Österlen, breder äppelodlingarna ut sig. Här odlas äppelsorter som Aroma, Cox Orange, Signe Tillisch och Discovery. Klimatet är maritimt och lämpar sig väl för äppelodling.

THE SALT WEST COAST /
SALTA VÄSTKUSTEN

THE SALT WEST COAST /
SALTA VÄSTKUSTEN

IN BOHUSLÄN THE ARCHIPELAGO is stunningly beautiful, with smooth, flat rocks and picturesque communities. The taverns serve crab, oysters and fresh fish. The bays swarm with sailing and motorboats, which head for the untouched natural ports and lively guest harbors. The ocean outside of Bohuslän is very clear and has the best conditions for diving in Sweden.

I BOHUSLÄN ÄR SKÄRGÅRDEN bedövande vacker. Här finns släta badklippor och pittoreska skärgårdssamhällen. På krogarna serveras krabba, havskräftor, ostron och nyfångad fisk. På fjärdarna vimlar det av segel- och motorbåtar med kurs mot orörda naturhamnar eller livliga gästhamnar. I havet är sikten god och Bohuslän har Sveriges bästa förutsättningar för sportdykning.

Smögen is placed in the middle of Bohuslän between Gothenburg and Oslo. People travel here to sunbathe and to enjoy a range of amusement activities. During the summer evenings the long dock, which runs along the fishing sheds, gets crowded with people.

Smögen ligger mitt i Bohuslän, halvvägs mellan Göteborg och Oslo. Hit vallfärdar människor för att sola, bada och ta del av nöjesutbudet. Om sommarkvällarna blir det trångt utmed den långa bryggan som löper nere vid fiskebodarna.

The waves of Skagerack reach Syd Hällsö in the north of Bohuslän, rarely does the ocean lie still.

Skagerracks bränningar slår mot Syd Hällsö i norra Bohuslän. Det är sällan som havet lägger sig helt stilla.

Foto: Jonas Rydin

Foto: Jonas Rydin

Fjällbacka is a fishing camp on the outer side of the west coast. White wooden houses climb up the hills from the harbour and face the ocean with their fronts. The actress Ingrid Bergman spent many summers in Fjällbacka and after her death 1982 a square was named after her.

Fjällbacka är ett fiskeläge i yttersta havsbandet. Vita trähus klättar upp för sluttningarna från hamnen och vänder sina fasader mot havet. Skådespelerskan Ingrid Bergman besökte Fjällbacka många somrar och efter hennes död 1982 döptes ett torg efter henne.

SUMMER / SOMMAR

SUMMER / SOMMAR

DURING THE WARMTH OF summer, Swedes enjoy filling up their time with activities. Many Swedes own and take care of summer cabins or boats. The many lakes, archipelagos and wide spread nature reserves invite people to sail, paddle, swim and enjoy hiking.

UNDER SOMMARHALVÅRET tinar den frusne svensken upp och fyller sin tillvaro med aktivteter. Det är mycket som ska hinnas med. Många svenskar äger sommar-stugor eller fritidsbåtar, som behöver tillsyn. Sveriges många sjöar, skärgårdar och vidsträckta naturreservat inbjuder till segling, paddling, bad och vandring.

Foto:Peter Lydén

Sweden is a perfect country for kayaking. Along the coast there are sheltered archipelagos and inland there are many small lakes and streams. To quietly glide along in a kayak near the surface of the water is a very peaceful experience.

Sverige är ett perfekt land att paddla kajak i. Runt kusterna finns skyddande skärgårdar och i inlandet finns många små sjöar och vattendrag. Att tyst glida fram nära vatten-ytan är en rogivande upplevelse.

Foto:Peter Lydén

The Swedish mountains are a very popular destination during the summer as well as in the winter. A mountain hike is great for relaxing. The fresh air and silence is the perfect exchange for city life.

Svenska fjällen ett populärt resmål även på sommaren. Att vandra i fjällen är som balsam för själen. Byt storstadens stress och buller mot frisk luft och tysthet.

Foto:Peter Lydén

Once the water temperature reaches up to +18ºC Swedes know it is time to dig out their swimming suits from the wardrobe. During a warm summer the temperature often reaches above +20ºC.

När vattentemperaturen når upp mot 18 grader tycker svenskarna att det är dags att ta fram badkläderna ur garderoben. Varma somrar kan temperaturen i vattnet faktiskt stiga en bra bit över 20 grader.

Foto:Peter Lydén

Horseback riding is a popular activity in Sweden. In the country there are about 280 000 horses in total.

Att rida och att äga häst är populärt. I landet finns uppskattningsvis 280 000 hästar.

Foto:Peter Lydén

Swedes are really fond of boats; and there are more than 1,3 million pleasure boats in the country. There are 95 000 beautiful lakes in Sweden and the coastline, with its beautiful archipelago, is more than 2400 km long.

Svenskarna är ett båttokigt folk. Inte mindre än 1,3 miljoner fritidsbåtar finns i landet. Förutom den 240 mil långa kust-linjen har Sverige 95 000 farbara insjöar.

Foto:Peter Lyden

Foto:Jonas Rydin

There are probably not that many countries, which have more summer cabins per person as that of Sweden. A red cottage by a small lake is a typical picture of a vacation in Sweden.

Det är nog inte många länder som har fler sommarstugor per invånare än Sverige. Ett falurött torp vid en insjö är vad många förknippar med semester i Sverige.

WINTER / VINTER

WINTER / VINTER

THE WINTER CAN GET VERY SEVERE in Sweden, but there is an expression which states that there is no bad weather, only bad clothes! Downhill skiing, crosscountry skiing, skating and ice fishing are a few popular activities that amuse the Swedes during the winter season.

VINTERN KAN BLI STRÄNG i Sverige, men det finns ett utryck som säger att det inte finns något dåligt väder, utan bara dåliga kläder. Slalom, skidåkning, långfärdsskridsko och isfiske är några populära aktiviteter som svenskarna roar sig med på vintern.

Foto:Peter Lydén

If the winter gets really cold the Riddarfjärden, in the center of Stockholm freezes, but for this to happen the temperature must sink below -15ºC for several days.

Om vintern blir riktigt kall fryser Riddarfjärden, mitt inne i Stockholm, till is. Men för att det strömma vattnet ska frysa måste det vara ner mot 15 minus i ett par dagar.

Foto:Peter Lydén

Downhill skiing and snowboarding are two
popular sports in Sweden. In the Swedish
mountains there are many ski resorts and
even around Stockholm there are minor
hills to practise these sports.

Slalom och snowboard är båda stora
sporter i Sverige. I svenska fjällen finns
gott om skidanläggningar. Även runt
Stockholm finns flera mindre backar att
öva sina färdigheter i.

In the north part of Sweden the kick sled is a popular way to travel. The kick sled has got runners made of iron, which have little friction when the roads are covered with ice.

Framför allt i norra delen av landet är sparkstöttingen ett populärt sätt att ta sig fram på. Sparkstöttingen har medar av järn och friktionen blir låg på isbelagda vägar.

Foto:Peter Lydén

During the winter in central areas of Sweden the temperature is often swinging to and fro 0ºC, which enables people to practise Nordic skating. More and more Swedes have a fascination with setting out along frozen waters; but it is crucial to take the right equipment in case the ice breaks.

I mellersta Sverige pendlar temperaturen under vintern ofta runt noll, vilket ger goda förutsättningar för långfärdsskridskoåkning. Under de senaste åren har allt fler svenskar förstått tjusningen med att bege sig ut på blankfrusna vatten. Men det gäller att ha rätt utrustning med sig så att man kommer upp ur vaken om isen brister.

Foto:Peter Lydén

To be pulled along by a team of dogs over snow-covered hillsides is a memorable experience. There are many organizations, which bring tourists on dogsled adventures, including accommodation in 'the world of mountains'.

Att susa fram i ett hundspann över snötäckta fjällvidder är en upplevelse utöver det vanliga. Det finns flertalet arrangörer som tar med turister ut på äventyr med övernattning i fjällvärlden.

Foto:Peter Lydén

Cross country skiing has always attracted many Swedes. Bare hill tracks are marked out with red crosses for people to follow a set route. Accommodation is available for tired skiers along the hill tracks. The weather can change rapidly in the mountains, so it is important to bring a snow spade and warm clothes. If you get stuck in a snowstorm it is a good idea to dig a whole to crawl into and wait for the bad weather to pass.

Att gå på tur på fjället har alltid lockat många svenskar. Uppe på kalfjället går det att följa leder utmärkta med röda kors. Med jämna mellanrum finns små stugor att övernatta i. Uppe på fjället kan vädret växla snabbt och det är viktigt att ha med sig en snöspade och varma kläder. Om man blir överraskad av en snöstorm är det bara att gräva ner sig och vänta på bättre tider.